글쓴이 송윤섭
아동문예문학상에 동화가 당선되면서 글을 쓰기 시작했어요.
아동출판사 편집장으로 근무하며 여러 가지 어린이 책을 만들었고,
현재는 출판기획모임 YNT의 공동대표로 일하고 있지요.
그동안 쓴 책으로는 《책 속으로 들어간 공룡》《책 만드는 마법사 고양이》《네가 행복하면 나도 행복해》
《세상에서 가장 위대한 이야기》《세종이 사랑한 과학자, 장영실》 등이 있어요.

그린이 최현묵
시각디자인을 전공하고, 한국일러스트레이션학교에서 그림책을 공부했어요.
어린이들과 재미있고 다양한 그림책으로 만나기 위해 노력 중이지요.
그동안 《기적의 동물 마음 상담소》《괴물과 나》《나무도령 밤손이》《귀신 단단이의 동지 팥죽》
《얼쑤 좋다, 단오 가세!》 등에 그림을 그렸어요.

국경일은 어떤 날일까요?

송윤섭 글 | 최현묵 그림

주니어김영사

오늘은 우리나라를 침략한 일본에 대항해
온 국민이 '대한독립만세'를 부른 날이에요.
오늘은 어떤 날일까요?

오늘은 3월 1일, 삼일절이에요.
삼일절은 '3·1 운동'을 기념하는 국경일이에요.

"만세! 만세! 대한독립만세!"
1919년 3월 1일, 민족 대표 33인이 '독립선언서'를 발표했어요.
사람들은 모두 거리로 몰려나와 태극기를 흔들며
힘차게 '대한독립만세'를 외쳤어요.

일본군은 만세를 부르는 사람들을 향해
무자비하게 총을 쐈어요.
하지만 사람들은 두려워하지 않고 더 크게 외쳤어요.
"일본은 물러가라!"
"대한민국은 독립국가이다!"
일본이 강제로 빼앗은 우리나라를 되찾기 위해
당당하게 외쳤어요.

1919년 3월 1일에는 온 나라에 만세 소리가 울려 퍼지고,
거리마다 태극기가 물결을 이루었어요.
삼일절은 우리 민족의 독립 정신에 대해
다시 한 번 생각해 보는 날이에요.

오늘은 어린이들이 주인공인 날이에요.
오늘은 어떤 날일까요?

오늘은 5월 5일, 어린이날이에요.
'어린이'라는 말을 처음 만든 사람은
아동문화운동가 방정환 선생님이에요.
선생님은 우리나라의 미래는
자라나는 아이들에게 달려 있다고 생각했어요.

나라의 희망인 아이들을 슬기롭게 키우려면
아이들을 사랑하고 존중해야 한다고 생각했지요.
방정환 선생님은 이를 널리 알리기 위해
'어린이'라는 예쁜 말을 만들고,
뜻을 같이하는 사람들과 함께 어린이날을 만들었답니다.

5월 5일 어린이날은,
어린이들이 우리나라의 미래를 만들어 가는
주인공이라는 것을 다시 한 번 생각하는 날이랍니다.

오늘은 부모님의 은혜에
감사하는 날이에요.
오늘은 어떤 날일까요?

오늘은 5월 8일, 어버이날이에요.
'어버이'는 어머니, 아버지를 함께 부르는 말이에요.

어머니, 아버지는 우리를 세상에 낳아 주시고,
건강하고 슬기롭게 키워 주시고,
행복하게 살 수 있도록 끝없는 사랑을 베풀어 주시지요.

어버이날은 사랑으로 키워 주시는
부모님의 은혜에 감사하는 날이에요.
어버이날에는 예쁜 카네이션을 달아 드리고
이렇게 말해 보세요.
"엄마, 아빠 고맙습니다."

오늘은 아기 부처님이 태어난 날이에요.
오늘은 어떤 날일까요?

오늘은 음력 4월 8일, 부처님 오신 날이에요.
부처님 오신 날은 아기 부처님이 태어난 날로
불교의 가장 큰 명절이에요.
부처님은 인도 카필라 왕국의 왕자로 태어났어요.

부처님은 사람들이 태어나면서부터
늙고 병들고 죽는 고통에서
벗어나지 못한다는 것을 알게 되었어요.
그래서 모든 사람이 고통에서 벗어나
행복하게 살기를 바라는 마음으로
불교를 만들었답니다.

부처님 오신 날에는 많은 사람들이 절에 모여
아름다운 연등을 걸고 부처님의 탄생을 축하합니다.
또 밤이 되면 여러 가지 모양의 예쁜 등을 들고
거리를 걸으며 부처님의 가르침을 전한답니다.

오늘은 우리나라를 지키다 돌아가신 분들을 추모하는 날이에요.

오늘은 어떤 날일까요?

오늘은 6월 6일, 현충일이에요.
현충일은 나라를 위해 목숨을 바친 분들을 추모하는 날이에요.
옛날부터 우리나라에는 큰 전쟁이 여러 번 있었어요.
그때마다 우리나라 젊은이들은
조국을 지키기 위해 용감하게 싸웠어요.

"물러서지 마라!"
"적을 무찔러라!"
포탄이 비 오듯 쏟아지는 전쟁터에서
그들은 목숨을 바쳐 나라를 지켰어요.

국립묘지에는 우리나라를 지키기 위해
목숨을 바친 분들이 잠들어 있어요.
현충일은 이분들의 고귀한 희생에
고개 숙여 감사하는 날이랍니다.

오늘은 우리나라 헌법을 처음 만든 날이에요.
오늘은 어떤 날일까요?

오늘은 7월 17일, 제헌절이에요.
제헌절은 헌법을 제정하고 공포한 날로
대한민국 헌법을 만든 일을 기념하는 국경일이에요.

"대한민국 헌법을 공포합니다. 탕! 탕! 탕!"
1948년 7월 17일 오전 10시,
국회의사당에서 우리나라 최초의 헌법을 공포하는
세 번의 의사봉 소리가 울려 퍼졌어요.

일본에게 빼앗겼던 나라를 되찾은 우리 국민은
가장 먼저 나라의 기본이 되는 헌법을 만들었어요.
우리나라가 자주독립국가가 되었음을
전 세계에 알린 것이지요.

대한민국 헌법에 따르면
나라의 주인은 국민이며
모든 국민은 법 앞에 평등하고,
누구나 행복할 권리를 가지고 있으며
자유롭게 생각하고 말할 수 있답니다.
제헌절은 국민이 나라의 주인임을 다시 한 번 기억하는 날이에요.

오늘은 일본에게 빼앗겼던 나라를 다시 찾은 날이에요.

오늘은 어떤 날일까요?

오늘은 8월 15일, 광복절이에요.
광복절은 '빛을 다시 찾은 날'이라는 뜻으로
빼앗겼던 나라를 되찾은 것을 기념하는 국경일이에요.

1945년 8월 15일,
우리나라는 일본에게 빼앗겼던 나라를 다시 찾았어요.
기쁨에 넘친 사람들은 거리로 나와
태극기를 흔들며 큰 소리로 외쳤어요.

"만세! 만세! 대한독립만세!"
"일본이 물러갔다!"
저마다 얼굴에는 웃음이 가득했고,
너도 나도 어울려 덩실덩실 춤을 추었어요.

광복절은 나라를 되찾기 위해
일본과 싸웠던
독립운동가들의 정신을 기리며
다시 한 번 조국의 소중함을 생각하는 날이랍니다.

오늘은 10월 3일, 개천절이에요.
개천절은 단군이 우리나라 최초의 민족국가인
고조선을 세운 일을 기념하는 국경일이에요.

옛날 아주 먼 옛날,
곰과 호랑이가 하늘나라 왕의 아들인 환웅을 찾아가
인간이 되게 해 달라고 빌었어요.

환웅은 곰과 호랑이에게 쑥과 마늘만 먹으며
100일 동안 지내면 인간이 될 수 있다고 말했어요.
곰은 어두운 동굴 속에서 100일 동안 쑥과 마늘을 먹으며 견뎌,
마침내 아름다운 여자로 다시 태어났어요.
하지만 호랑이는 며칠 견디지 못하고 도망쳤지요.
환웅은 여자에게 '웅녀'라는 이름을 지어 주었어요.
그리고 웅녀와 결혼해서 아들을 낳았어요.
그 아들이 바로 우리나라 최초의 임금인 단군이에요.

개천절은 '하늘이 열린 날'이라는 뜻으로
이 땅에 고조선을 세운 단군과
우리나라의 자랑스러운 오천 년 역사를 생각해 보는 날이에요.

오늘은 우리 민족의 문자인
한글의 탄생을 기념하는 날이에요.
오늘은 어떤 날일까요?

오늘은 10월 9일, 한글날이에요.
한글날은 우리 고유 문자인 한글이 만들어진 것을
기념하는 국경일이에요.

옛날 우리나라는 중국 문자인 한자를 사용했어요.
그런데 한자는 배우기가 아주 어려웠어요.

"백성들이 자기 생각을 글로 표현할 수 있도록
누구나 쉽게 배울 수 있는 우리글을 만들어야겠다."
조선의 네 번째 왕인 세종대왕은 백성들을 위해
우리 민족 고유의 문자인 '한글'을 만들었어요.

한글은 누구나 쉽게 배울 수 있는
아주 아름답고 과학적인 문자예요.
한글날은 한글의 고마움을 다시 한 번
생각해 보는 날이랍니다.

오늘은 아기 예수님이 태어난 날이에요.
오늘은 어떤 날일까요?

오늘은 12월 25일, 성탄절이에요.
성탄절은 아기 예수님이 태어난 날로
기독교의 가장 큰 명절이에요.
예수님은 이스라엘 베들레헴 지방의
작은 마구간에서 태어났어요.

아기 예수님이 세상에 태어날 때
하늘에는 밝은 별이 나타났어요.
이 별을 보고 동방박사 세 사람이 찾아와
아기 예수님의 탄생을 축하해 주었지요.
예수님은 우리에게 사랑을 전하기 위해 세상에 오셨답니다.

성탄절은 '크리스마스'라고도 해요.
성탄절에는 아기 예수님의 탄생을 축하하며
크리스마스 트리를 만들기도 하고
사랑이 담긴 선물을 주고받으며 즐겁게 보낸답니다.

국경일은 이런 날이에요!

🌺 국경일과 기념일은 어떤 날일까요?

우리 민족은 아주 오래 전부터 이 땅에서 살아왔어요. 외적의 침략에 맞서 싸우며 나라를 지켰고, 열심히 땀 흘려 경제를 발전시켰어요. 그 결과, 오늘날 세계에서 손꼽히는 풍요롭고 자유로운 나라 '대한민국'을 만들었답니다.

오늘날 대한민국이 있기까지는 역사적으로 의미 있는 일들이 참 많았어요. 그중에서 모든 국민이 함께 기억할 만한 일들을 기념하기 위해 정한 날이 바로 국경일과 기념일이에요.

국경일은 우리 민족이 이룬 가장 뜻 깊은 일을 기념하기 위해 나라에서 법률로 정한 날이에요.

우리나라에는 모두 다섯 개의 국경일이 있어요.

개천절(10월 3일)은 단군 할아버지가 이 땅에 처음 나라를 세운 날이고, 삼일절(3월 1일)은 일본의 침략에 맞서 우리 민족의 자주 정신을 세계에 널리 알린 날이에요. 광복절(8월 15일)

은 일본에게 빼앗겼던 나라를 다시 찾은 날이고, 제헌절(7월 17일)은 대한민국의 헌법을 처음 만든 날이지요.

또 한글날(10월 9일)은 우리 민족의 고유한 문자인 한글을 만든 일을 기념하는 날이에요. 이렇듯 국경일에는 자랑스러운 우리 민족의 역사와 정신이 오롯이 담겨 있답니다.

국경일 다음으로 모든 국민이 함께 기억할 만한 일을 기념하기 위해 정한 날이 기념일이

에요. 우리나라는 기념일도 법률로 정하고 있어요.

대표적인 기념일에는 나라를 지키다 돌아가신 분들을 추모하는 현충일, 부모님의 은혜에 감사하는 어버이날, 나라의 미래인 어린이를 위한 어린이날 등이 있어요. 이 밖에 식목일, 스승의 날, 장애인의 날, 국군의 날 등 현재 우리나라에는 모두 43개의 기념일이 있어요.

다른 나라에도 우리나라와 마찬가지로 국경일과 기념일이 있어요. 나라마다 국경일과 기념일을 정하는 이유는 국민들의 마음속에 애국심을 심어 주기 위해서랍니다.

이 책은 우리나라 5대 국경일과 중요한 기념일, 그리고 대표적인 종교 기념일인 부처님 오신 날과 성탄절을 소개하고 있어요. 어린이 여러분이 이 책을 통해 국경일과 기념일의 의미를 다시 한 번 살펴보고, 우리 민족의 자랑스러운 역사와 정신에 대해 바르게 이해하는 계기가 된다면 참 좋겠습니다.

 국경일에는 태극기를 달아요

태극기는 어떻게 달까요?

태극기를 반듯이 펴서 태극무늬의 빨간 색이 위로 올라가게 놓아요. 그런 다음 왼쪽 면의 위쪽을 무궁화 모양 깃봉 바로 밑에 오게 묶고 나머지 아래쪽을 깃대에 묶어 줍니다.

자, 이제 준비가 끝났어요. 그럼 태극기를 달아 볼까요? 그런데 어느 쪽 기둥에 달아야 할까요? 태극기는 밖에서 볼 때 대문 왼쪽 기둥에 달면 된답니다. 아파트에는 베란다에 태극기 다는 곳이 따로 설치되어 있어요.

1. 태극기를 바르게 펴 놓아요.

2. 깃봉에 태극기를 묶어요.

3. 대문 왼쪽 기둥에 달아요.

슬픈 날에는 조기를 달아요.

기념일 중에는 슬픈 날도 있어요. 그런 날에는 태극기를 '조기'로 달아야 해요.

조기를 달 때는 무궁화 모양의 깃봉에서 태극기의 한쪽 면 길이만큼을 아래로 내려서 달면 돼요.

1월 1일, 삼일절, 제헌절, 광복절, 국군의 날, 개천절, 한글날에는 정상적으로 태극기를 달아요. 하지만 나라에 슬픈 일이 있거나 나라를 위해 목숨을 바친 분들을 추모하는 현충일에는 조기를 단답니다.

조기

국경일에 가 보면 좋아요!

★ 삼일절에는 탑골공원과 유관순 기념관

서울특별시 종로구 종로2가에 있는 탑골공원은 1919년 3월 1일 학생들이 처음으로 독립선언문을 낭독하고 만세운동을 시작한 곳이에요. 탑골공원에 가면 당시 독립선언문을 낭독했던 팔각정과 3·1독립만세운동 당시의 모습을 새긴 기념탑과 기념비를 볼 수 있어요. 또 충청남도 천안시 병천면에 있는 〈유관순열사기념관〉에는 유관순 누나의 어린 시절 기록과 만세운동 당시의 기록이 전시되어 있어요.

★ 제헌절에는 국회

국회의사당은 국민의 대표인 국회의원들이 모여 우리나라의 법률을 만드는 곳이에요. 국회의사당에서는 해마다 제헌절이 되면 제헌절 기념식을 한답니다. 또 국회의사당 안에는 우리나라 국회의 역사를 전시해 놓은 헌정기념관도 있어요.

★ 개천절에는 참성단

강화도 마니산 정상에 가면 참성단이라는 제단이 있어요. 이곳은 우리 민족의 시조인 단군 할아버지가 하늘에 제사를 지냈다고 알려진 곳이에요. 해마다 개천절이 되면 참성단에서는 단군 할아버지를 기리며 하늘에 제사를 지낸답니다.

교과연계
1-2 바른생활 6.사랑해요, 우리나라
2-2 바른생활 3. 아름다운 우리나라
2-2 슬기로운생활 3. 아름다운 우리나라
2-2 즐거운생활 3. 아름다운 우리나라

국경일은 어떤 날일까요?

1판 1쇄 인쇄 | 2011. 7. 21.
1판 10쇄 발행 | 2024. 6. 1.

송윤섭 글 | 최현묵 그림

발행처 김영사 | 발행인 박강휘
등록번호 제 406-2003-036호 | 등록일자 1979. 5. 17.
주소 경기도 파주시 문발로 197 (우 10881)
전화 마케팅부 031-955-3100 편집부 031-955-3113~20 | 팩스 031-955-3111

ⓒ 2011 송윤섭, 최현묵
이 책의 저작권은 저자에게 있습니다.
저자와 출판사의 허락없이 내용의 일부를 인용하거나 발췌하는 것을 금합니다.

값은 표지에 있습니다.
ISBN 978-89-349-5226-8 77900

좋은 독자가 좋은 책을 만듭니다. 김영사는 독자 여러분의 의견에 항상 귀 기울이고 있습니다.
독자의견전화 031-955-3139 | 전자우편 book@gimmyoung.com
홈페이지 www.gimmyoungjr.com | 어린이들의 책놀이터 cafe.naver.com/gimmyoungjr

이 도서의 국립중앙도서관 출판시도서목록(CIP)은 서지정보유통지원시스템 홈페이지(http://seoji.nl.go.kr)와
국가자료공동목록시스템(http://www.nl.go.kr/kolisnet)에서 이용하실 수 있습니다.
(CIP제어번호 : CIP2015027331)

| 어린이제품 안전특별법에 의한 표시사항 | 제품명 도서 제조년월일 2024년 6월 1일
제조사명 김영사 주소 10881 경기도 파주시 문발로 197 전화번호 031-955-3100 제조국명 대한민국
사용 연령 9세 이상 ⚠주의 책 모서리에 찍히거나 책장에 베이지 않게 조심하세요.